Das Leben stellt oftmals die dümmsten Fragen und kennt die Antwort schon längst. Doch wir, die wir unsere Lebensreise noch nicht beendet haben, müssen uns diese Antwort schwer erarbeiten.

Genau das, will ich mit kleinen Geschichten in diesem Buch zum Ausdruck bringen. Und auch dieses Mal ist es so, dass mich das Leben selbst all diese kleinen Geschichten gelehrt hat.

Dieses Buch möchte ich dem Menschen widmen, der durch meine Schreiberei und meine oft sehr verwunderliche Gedankenwelt oft vernachlässigt, genervt und geärgert wurde.

Dieses Buch widme ich mit einem großen Dank meiner Frau.

Ich liebe Dich!

Herstellung und Verlag:
BoD – Books on Demand, Norderstedt
ISBN 978-3-8482-2525-5

Was wäre, wenn...

Was wäre, wenn ich wüsste, dass in 4 Wochen der letzte Tag in meinem Leben wäre? Das habe ich mich schon so manches Mal gefragt. Und es kommt in mir immer wieder die Frage dazu auf „was machst Du mit der restlichen Zeit?"

Es gibt viele Dinge, die man dann tun würde. Ich würde auf jeden Fall erst einmal auf meine alltägliche Arbeit pfeifen, damit ich die restliche Zeit voll ausnutzen kann. Und dann?

Tja dann, das ist die Frage, dann schießen mir tausend Dinge durch den Kopf, die ich noch unbedingt erleben wollte. Eine Weltreise; „Mist, die Zeit reicht nicht mehr!" Ich wollte doch noch eine große Mercedes S-Klasse besitzen und fahren. Also ab zum Autohändler und die Karre mit genommen. Auf Pump versteht sich, denn was interessieren mich in 4 Wochen meine Schulden?

Ich wollte doch noch unbedingt einmal selbst ein Flugzeug steuern. Ab zum Flughafen und mit einem Fluglehrer einen solchen Flug klar gemacht.

Ich wollte doch auch noch mal nach Paris, London, Lisabon und Rom. Ab zur Bank, Kredit aufgenommen und mit dem nächsten Flieger auf zur Städtetour.

Ich wollte doch schon immer einmal eine riesige Party feiern. Und schon organisiert. Ich lade den halben Ort ein mit mir zu feiern. Die Stimmung ist Klasse, die Leute amüsieren sich.

Da steht plötzlich, mitten während meiner grandiosen Party, ein alter Mann neben mir und sagt: „Was verplemperst Du Deine Zeit. Du hast jetzt noch ein einhalb Wochen und was machst Du?"

Tja, da steh ich nun auf meiner super Party und fange an darüber nachzudenken, was wohl der alte Mann damit gemeint hat. Ich verplempere doch nicht meine Zeit,

sondern ich genieße die Zeit, die mir
bleibt mit Dingen, die mir Spaß
machen.

Meine Frau nimmt mich in den Arm,
gibt mir einen Kuss und gratuliert mir
zu dieser genialen Idee mit der Party.
Neue kurzlebige Freundschaften sind
geschlossen, neue Vernetzungen
geknüpft. Einfach toll!

Doch auch dann fällt es mir wie
Schuppen von den Augen, als ich
meine Frau betrachte. Jetzt weiß ich,
was der Alte meinte. Um ein Haar
hätte ich mich nicht mehr von den
Menschen verabschiedet, die ich
liebe. Um ein Haar hätte ich mich nicht
mehr mit Menschen versöhnen
können, mit denen ich im Streit lag.
Um ein Haar wäre mir nicht
aufgefallen, dass ich meine Frau in
Kürze für immer allein lasse.

Aufgeregt suche ich nach dem Alten
um ihn zu Fragen, was ich tun soll.
Doch keiner der Anwesenden hat ihn
gesehen, keiner mit ihm gesprochen.

Aber er war doch da. Was soll das alles?

Ich nehme meine Frau bei der Hand und gehe mit Ihr in unser trautes Zuhause. Dort eröffne ich ihr, was geschehen soll. Sie bricht in Tränen aus und schreit: „Oh Goooott, dass darf nicht passieren!"

In dem Moment weiß ich, wer der alte Mann gewesen ist. Es war Gott, der mir gezeigt hat, was wirklich wichtig ist im Leben und worauf es ankommt. Und meine Uhr tickt.

Wieder kommen Fragen in mir hoch. „Wo hast Du in dieser Situation deinen Glauben gelassen? Es war doch immer so wichtig an Gott und seine Verheißung zu glauben und jetzt?"

Tja und jetzt, eine gute Frage! Nun steh ich da, hab noch eine Woche und muss versuchen die verlorene Zeit aufzuholen. Ich knie mich hin und beginne zu beten.

„Oh du großer und heiliger Gott, bitte schenk mir noch etwas mehr Zeit. Ich weiß, ich bin selbst Schuld an der Situation und habe einen großen Fehler gemacht. Bitte schenk mir noch etwas Zeit!" In diesem Moment denke ich ansatzweise begreifen zu können, wie sich wohl Jesus damals im Garten Gethsemane gefühlt haben muss, als er sagte: „Vater, wenn möglich, dann lass diesen Kelch an mir vorüber ziehen.." und dann erkenne ich erst den entscheiden Satz daran „… aber nicht mein, sondern Dein Wille geschehe!"

In diesem Moment weiß ich, dass ich keine Chance für einen Aufschub habe. Ich setze mich hin und mache einen Plan. Wem will ich noch sagen, dass ich ihn liebe? Bei wem muss ich noch um Vergebung bitten? Mit wem muss ich noch einen Streit begraben?

Die Liste wird lang und immer länger. Ich habe keine Ahnung, wie ich das alles in 6 Tage packen soll.

Es vergeht kaum noch eine Stunde, in der ich meiner Frau nicht sage, dass ich Sie liebe. Und jedes Mal bekommt sie einen Kuss von mir.

Gott allein, weiß wie ich es geschafft habe, dass ich alle Menschen auf meiner Liste erreicht habe und ich noch alles klären konnte. Ich hatte sogar noch zwei Tage, die ich intensiv mit meiner Frau verbringen konnte.

Und dann kam der Tag X.

Meine Frau und ich saßen eng umschlungen auf unserem Sofa und genossen die restliche Zeit, die uns noch bleiben sollte. Tief in meinem inneren wurde ich von Stunde zu Stunde unruhiger. Ich versuchte mir krampfhaft ein Bild von dem zu machen, was ich von Jugend auf geglaubt hatte. Von dem Leben in der anderen Welt, der Welt bei Gott. Es gelang mir nicht und ein Bild vor meinem inneren Auge zu gestalten. Und die Aufregung auf den Moment, wo ich das alles sehen würde, wurde größer und größer.

Auf einmal, es war schon Abend geworden, da trat ein Licht in unser Zimmer. Ich dachte, dass ist bestimmt so was wie ein Aufzug und trat in den Lichtstrahl.

Da kam von oben eine mir bekannte Stimme: „Ich hoffe Du hast Deine Lektion gelernt! Also geh hin und nutze Deine Zeit!"

Nachlese zu „Was wäre, wenn…"

Es ist doch erstaunlich, mit was wir Menschen uns so beschäftigen, auch dann, wenn uns eigentlich etwas anderes viel wichtiger ist.

Ist es nicht so, dass wir den Hauptteil unserer Zeit mit etwas verbringen, dass uns nicht weiterbringt?

Heute Morgen habe ich im Radio die täglichen „Anstöße[1]" auf SWR1 gehört, wo der Sprecher dann folgende Statistik erwähnte.

Zitat: "Von den 80 Jahren, die wir Menschen in Deutschland im Schnitt leben, küssen wir - so haben Statistiker herausgefunden - nur etwa 2 Wochen. Aber wir verbringen mehr als 12 Jahre davon vor dem Fernseher. 10 Jahre hören wir Radio, aber nur 9 Monate spielen wir mit den eigenen Kindern." Zitat Ende

Da bin ich ehrlich gesagt erschrocken und mir sind die Gedanken zu dem vorher geschriebenen Geschichtlein eingefallen.

Was wäre, wenn…? Haben Sie sich eigentlich schon einmal gefragt, was der Sinn in Ihrem Leben ist?

---

[1]Quelle: www. kirche-im-swr. de

11

Ich für mich fühle mich seit heute Morgen wieder bestätigt, dass der Weg, den ich gehe, der richtige ist.

Für mich ist es richtig an einen Gott und an seine Verheißung zu glauben, dass wir, die wir an ihn glauben und auf ihn hoffen, irgendwann für immer bei ihm sein dürfen.
Für mich ist es richtig, dass auf gleicher Stelle, wie mein Gott, auch meine Familie kommt. Es ist richtig und wichtig, soviel Zeit wie möglich mit einander zu verbringen.
Für mich ist es richtig, wenn ich von meiner Familie weg gehe, sei es zur Arbeit oder sonst wo hin, dass ich mich mit Liebe von Ihr verabschiede und es ihr auch noch einmal sage, denn wer weiß, ob heute nicht mein letzter Tag gekommen ist oder der eines meiner Familienangehörigen.
Für mich ist es richtig, noch mehr auf die Menschen zu zugehen, die ich liebe und die mir wichtig sind.
Für mich ist es richtig, noch mehr Abstand zu den Medien zu nehmen, die einem vorgaukeln, wie man zu

sein hat und wie man sich in der Gesellschaft zu verhalten hat.

Für mich ist es richtig, all diese Gedanken aufzuschreiben und Ihnen mitzuteilen.

Ich will versuchen in Zukunft jeden Tag so zu erleben, als wäre es mein Letzter. Verstehen sie mich jetzt nicht falsch. Zwischen Lebensmüde und bereit sein diese Welt zu verlassen, liegt ein himmelweiter Unterschied. Der Lebensmüde geht aus Schmerz, Kummer, Qual oder Einsamkeit. Der Mensch aber, der bereit ist, aus dem Leben zu gehen, der hat Frieden im Herzen.

In diesem Sinne, nutzen wir die Zeit. Räumen wir unser Leben auf, auch wenn das einmal bedeuten sollte, sich von ehemals nahe stehenden Menschen zu distanzieren. Aber man sollte nie vergessen eine Türe offen zu lassen, damit man spätestens, wenn es wirklich ernst wird, noch einmal versuchen kann auf einander zu zugehen.

Ich wünsche ihnen und mir viel Glück und ein langes Leben, damit wir genug Zeit haben uns vorzubereiten.

Schweigen ist Silber – Reden ist Gold

Ich weiß, dass dieser Spruch eigentlich genau anders lauten muss. Und doch gibt es tatsächlich Momente, in denen die Reihenfolge so richtig ist.

Beispielsweise in einer Ehe oder Partnerschaft kann es absolut tödlich sein zu schweigen. Verstehen wir uns richtig, ich meine hier nicht das Töten mit Blicken oder Gesten, wo nachher tatsächlich jemand Tod umfällt. Nein, ich meine hier den emotionalen Tod.

Wie oft haben sie es schon erlebt, dass bei Ihnen zu Hause die Stimmung auf dem Nullpunkt ist und keiner sagt etwas? Jeder noch so kaltherzige Mensch spürt sofort „hier stimmt was nicht". Und sicher kennen sie die seelischen Schmerzen, die so etwas auslösen. Am schlimmsten ist es doch, wenn genau der Mensch schweigt, den man am Meisten liebt und der das Wichtigste in der Welt ist, was man hat.

Wie oft hat man schon Ehen und Partnerschaften beobachtet, die zugrunde gingen, weil man nicht mit einander gesprochen hat? Ist doch eigentlich Schade, oder? Dabei sprechen doch Frauen etwa 7000, Männer ca. 3000 Wörter am Tag und ein menschliches Gehirn hat im Schnitt übrigens 30'000-40'000 Wörter gespeichert[2].

Reden muss daher ja nun wirklich hoch kompliziert sein, sonst würde es doch jeder tun? Komisch nur, dass wir zum blöde Fragen stellen, nicht auf den Mund gefallen sind.

Andere Frage! Wem außer unserem Liebsten können wir alles sagen, was uns im Augenblick beschäftigt, oder auch einmal Dinge, die dem Anderen unter die Haut gehen oder ihm sogar wehtun? Eigentlich keinem, oder? Zumindest nicht ohne massive

---

2 Quelle:
http://www.brandeins.de/home/inhalt_detail.asp?id=1726&MenuID=
130&MagI D=64&sid=su841488513209220

Gegenreaktion, die meist einen
Arztbesuch nach sich zieht.

Ich gehöre auch hin und wieder zu der
Gattung Mensch, die meinen sich in
das Leben anderer einmischen zu
müssen, weil wir es besser wissen
und besser können als der Betroffene.
Und siehe da, es ist viel leichter, das
Leben der Anderen zu analysieren
und umkrempeln zu wollen, als vor der
eigenen Türe zu kehren. Ich für mich
versuche immer wieder, erst mein
Leben in den Griff zu bekommen und
mich an zweiter Stelle „erst" aus dem
Leben der Nachbarn, Freunde,
Arbeitskollegen etc. raus zuhalten.

Und ich kann ihnen sagen, das
Kehren vor der eigenen Tür, das kann
verdammt wehtun. Aber ich denke,
das wissen sie selbst auch schon, für
diese Weisheit brauchen sie mich
nicht wirklich.

Kennen sie schon den Spiegel der
Wahrheit? Nein? Der ist echt heftig,
denn den bekommt man nur von

Menschen vorgehalten, die einen lieben. Und das tut besonders weh.

Aber wissen sie was? Das alles tut bei Weitem weniger weh, als wenn man spürt, es stimmt was nicht und es wird geschwiegen.

In den Momenten, wo Dinge nicht ausgesprochen werden und Reibungspunkte in einem selbst bleiben, da entstehen immer kleine Risse im Herzen. Und wir wissen ja, aus Rissen werden Spalten und Spalten werden zu tiefen Schluchten.

Und dann? Dann ist es zu spät etwas zu ändern. Dann ist, wie man so schön sagt „die Katz in den Brunnen gefallen und das Kind den Baum rauf." Oder war das hier auch anders herum?

Spaß beiseite, wenn diese Schluchten erst entstanden sind, dann erkennt man sich gegenseitig nicht mehr wieder. Man fragt sich, ob man den Anderen je gekannt, ja sogar geliebt hat.

Dann hilft meist nur noch eines:
„Lieber ein Ende mit Schrecken, als
ein Schrecken ohne Ende."

Schweigen können wir dann, wenn
alles störende ausgesprochen,
begradigt und vergeben ist. Und wann
ist das? Ehrlich gesagt, dass werden
sie und ich nicht erleben, denn
schweigen können wir ab dem Tag, an
dem wir diese Welt verlassen. Und
warum? Weil wir uns jeden Tag
verändern. Keiner kehrt am Abend als
der zurück, der er noch am Morgen
war.

Bitte verstehen sie mich nicht falsch.
Es ist auch nicht richtig von morgens
bis abends an unseren Liebsten
herum zunörgeln oder ihnen Vorwürfe
zu machen. Im Gegenteil, wir haben
doch auch jeden Tag etwas Schönes
zu berichten, was wir unbedingt mit
unserem Schatz teilen wollen. Es gibt
auch Erlebnisse, die man zusammen
erfahren hat und im gemeinsamen
Gespräch in den Gedanken und
Herzen nochmals erlebt.

Das Wichtigste an Allem ist: „Man
muss mit einander reden!"
Und der, der in Liebe spricht, der kann
nie einen Fehler machen.

Die Suche

Wer in dieser Zeit, voller Trubel,
Katastrophen, Krieg und Leid, nicht
aufpasst, der verliert sich selbst.

Wer sich verloren hat, braucht lange
Zeit und eine weite Reise um sich
wieder zu finden.

Der einzige Helfer auf dieser Reise ist
der Mensch, der einen ohne
Einschränkung liebt. Helfen kann dir
nur der Mensch, der dich liebt wie ein
Engel.

Das Wichtigste aber, es ist nie zu spät
sich auf den Weg zu machen und sich
selbst zu suchen.

Die Mauer

Immer wieder erwache ich, schon seit einigen Jahren, an einem Traum.

Ich befinde mich auf einer sehr langen Reise, das Ziel ist noch ungewiss. Es fühlt sich an wie ein Pilgerweg ähnlich dem Jakobsweg.

Nach etlichen Tagen meiner Reise, komme ich an eine hohe Mauer, die ich nicht überblicken kann. Sie ist massiv gebaut, so wie die Mauern, die man von großen Festungen und nahezu uneinnehmbaren Burgen aus vergangenen Zeiten kennt.

Zu Erst denke ich mir nicht viel dabei und wandere unbeirrt im Schatten der Mauer entlang, denn mittlerweile ist es sehr heiß geworden und die Sonne brannte schon auf meiner Haut. So ging ich einige Stunden an der Mauer entlang, die nicht enden wollte, doch ich dachte mir zunächst nichts dabei.

Doch eines fiel mir sofort auf, der Weg war nicht mehr so eben und gut ausgebaut wie zu vor, überall lagen Stolpersteine und der Weg war übersät mit Schlaglöchern. Immer wieder riss mich ein solcher Stein zu Boden oder ich verstauchte mir bei einem Tritt in ein Schlagloch den Knöchel.

Am Abend kehrte ich in ein Gasthaus ein, dass direkt mit der Mauer verwachsen ist. Ich aß zu Abend und begab mich dann in eine kleine Kammer, die man mir zugewiesen hatte und legte mich auf das viel zu harte Bett, das man eher als Pritsche bezeichnen musste.

Am nächsten Morgen stehe ich völlig gerädert und mit Verspannungen im Rücken wieder auf, wasche mich und gehe Frühstücken.

Frisch gestärkt trete ich in die Morgenluft hinaus, die Sonne ist gerade auf ihrem Weg zu ihrem höchsten Platz. Es ist noch früh und man hört die Vögel zwitschern, wie an einem schönen Frühlingstag.

Ich sehe auf meine Karte und stelle fest, dass der Weg erneut an der Mauer entlang führt. Innerlich denke ich mir, dass diese blöde Mauer doch irgendwann einmal ein Ende haben muss. Aber unbeirrt dessen, trete ich meine nächste Wegstrecke an.

So geht das einige Tage und irgendwann habe ich die Nase von dieser Mauer so was von voll, dass ich mich mitten auf den Weg setze und keine Lust auf meine Reise mehr habe.

Da tritt mir ein Mann in den Weg, groß und von kräftiger Statur. Er trägt einen Bart und hat eine liebevolle Ausstrahlung.

„Sagt guter Mann, wann hört denn endlich diese Mauer auf? Ich will nun endlich auch mal sehen, was sich auf der anderen Seite der Mauer befindet. Vielleicht ist da ein besserer Weg für meine Wanderung. Ich bin schon völlig zerschunden von den vielen Stürzen in die Schlaglöcher."

Der Mann sah mich mit seinen gutherzigen Augen an, holte tief Luft. „Mein Junge, sei dankbar für die Mauer. Sie schützt Dich vor Dingen, die Du nicht sehen sollst, denn sie würden Dich verletzen wenn Du siehst, was in Deinem Leben geschehen ist!"

Und genau an der Stelle wache ich auf. Oft habe ich darüber nachdenken müssen, was mich dieser Traum lehren will. Doch die Antwort sollte ich erst am Tag meiner Hochzeit erhalten. An dem Tag, an dem ich endlich in meiner eigenen Burg angekommen bin.

Bei der kirchlichen Hochzeit erhielten wir als Trautext das Wort aus den Psalmen „Mit Gott über Mauern springen"

Das hört sich im ersten Moment so sportlich, frei und voller Laune an. Aber wenn man mal genau hinschaut, wird man feststellen, dass dieses „über Mauern springen" erhebliche Schwierigkeiten birgt.

Die Mauer des Lebens ist nämlich keineswegs so ein kleines Gartenmäuerchen, die man mal so eben mit einem Satz überspringt. Im Gegenteil, die Mauer des Lebens ist dick und hoch. Wir können sie also auch nicht einfach so einreißen.

Eigentlich sollten wir auch nicht versuchen sie zu überwinden oder niederzumachen um zu sehen, was auf der anderen Seite dieser Mauer zu finden ist. Die Mauer steht da nicht ohne Grund.

Diese Mauer hat mehrere Funktionen. Sie weist uns den Weg unseres Lebens, der auch oft von Stolperfallen und großen Löchern übersät ist, die es zu überwinden gilt.

Die zweite Funktion dieser Mauer ist der Schutz vor den Erinnerungen, die unser Leben nicht bereichern, sondern uns gefährden oder verletzen. In der

Psychologie wird oft davon gesprochen, dass sich Menschen, die Schlimmes in Ihrem Leben erfahren mussten hinter so einer Mauer verbergen um nie wieder verletzt zu werden.

Aber nicht jeder von uns ist Opfer einer Vergewaltigung, einer schweren Körperverletzung oder anderen Misshandlungen und doch haben wir alle eine solche Mauer. Sie lässt schlechte Erfahrungen, falsche Lehrmeinungen und die Erinnerung an manches Ungute in unserem Leben verschwinden. Und das ist gut so, denn ohne diese Mauer müssten wir alle Enttäuschungen und Niederlagen täglich mit uns schleppen und würden daran zerbrechen.

In dieser Mauer hat es allerdings auch ein paar Fenster, damit wir immer wieder an solche Dinge erinnert werden, aber auch nur zum Schutz. Diese Erinnerungen bewahren uns

davor öfter dieselbe schlechte
Erfahrung zu machen.

Irgendwann habe ich bemerkt, dass
sich auch vieles irgendwann wieder
meldet, an das wir uns nie wirklich
erinnern konnten. Und warum? Weil
es in einem Fenster auftaucht. Das
geschieht immer dann, wenn wir reif
genug sind zu verstehen, was damals
passiert ist.

Heute sitze ich in meiner Eheburg und
kann sehen, was jenseits der Mauer
verborgen war und ist. Vieles bleibt
aber verschwommen und taucht nur
ab und zu deutlich vor meinen Augen
auf. Anderes wurde vergraben und ist
vergessen und ich bin froh, dass es so
ist.

Kennen sie eigentlich den Vorteil einer
Burg? Ich schon, denn ich bin ja nun
quasi der Burgherr. Die Burg hat eine
Zugbrücke, die man herauf und
herunter lassen kann. Und nichts und
niemand hat Zutritt in meine Burg, den
ich nicht herein bitte.

Ich hoffe und wünsche, dass die Mauer dieser Liebesburg niemals verwittert und porös wird und somit eine leichte Beute für die Feinde meiner Ehe wird.

Steh' auf und kämpfe

Das Leben spielt dir und mir oft übel mit und man denkt, dass es doch unfair zu einem ist und kein Erfolg der Ziele je erreicht werden kann.

Aber ist es nicht so, dass wir uns immer selbst im Weg stehen?

Wir sehen unsere Träume, Wünsche und definieren uns über die Dinge, die andere erreicht haben und streben danach genau so zu werden, wie unsere Idole, Vorbilder oder sonst wer.

Aber warum?

Ich denke, das liegt daran, dass wir es verlernt haben uns selbst zu definieren, wir kennen unsere eigenen Wünsche und Ziele nicht. Andere zu kopieren oder nachzuahmen ist doch auch viel einfacher, denn wir müssen nicht darüber nachdenken, wer wir sind und für was wir in unserem Leben einstehen wollen. Jeder Misserfolg wird abgehakt. Meist mit einem Satz wie: „Soll halt nicht sein!" oder „Dann mach ich halt was anderes!"

Warum verhalten wir uns so?

Wir haben verlernt uns selbst zu definieren und für das zu kämpfen, was wir sein wollen. Ich wage sogar zu behaupten, dass ein Großteil der Menschheit nicht mehr authentisch ist, sondern lediglich eine Kopie dessen, was uns die Medienwelt lehrt.

Heute Abend habe ich mit meiner Frau den Film „Streben nach Glück" angesehen. Dabei wurde ich zu dieser Überschrift inspiriert.

Christopher Gardner sagte einmal, dass er die meiste Zeit ohne Eltern aufwachsen musste und aus diesem Grund immer für seinen Sohn da sein wollte.

Er hat sein Ziel erreicht, weil er dafür gekämpft hat. Wer die Geschichte kennt, der weiß, dass dieser Mann durch die Hölle des Lebens gehen musste um für seinen Sohn eine Welt zu schaffen, in der er für ihn alles tun konnte. Fast ein Jahr verbrachte er in Obdachlosenunterkünften oder Toiletten um überhaupt ein Dach über dem Kopf zu haben. Und doch hat er das erreicht, was er für sich definiert hat. Trotz vieler Rückschläge nie der Satz „Soll halt nicht sein.

Mal ehrlich, wer von uns wäre bereit alles aufzugeben und würde ein solches Wagnis eingehen um bis an die Spitze der Elite zu gelangen? Ich bin ehrlich, ich bin noch nicht soweit.

Eines habe ich aber bereits erreicht. Ich habe angefangen mich selbst so zu definieren, dass ich mich täglich glücklicher fühle. Es war immer ein Traum von mir, meine Gedanken in einem Buch zu veröffentlichen. Heute schreibe ich schon am zweiten und ich weiß, wenn die letzte Seite geschrieben ist, werde ich auch dieses Buch ihnen weitergeben.

Warum sitzen wir mit unseren Träumen auf dem Sofa, schauen in die Klotze und lassen uns fremd definieren. Wir sollten viel mehr, wie Christopher Gardner aufstehen und für das Kämpfen, was für uns das Wichtigste in der Welt ist.

Für mich ist das Wichtigste in der Welt meine Familie, meine Gedanken und meine kleine Mission, sie mit meinen Zeilen zum Nachdenken zu animieren. Ich will sie nicht definieren. Ich will sie auffordern einen Moment inne zu halten und sie motivieren.

Steh' auf und kämpfe, wenn Du glücklich sein willst.

Zum Glück braucht es weder Geld, noch Statussymbole. Zum Glück benötigen Sie nur drei Dinge. Liebe, sich selbst und ihre Mission.

Steh' auf, kämpfe und sei glücklich.

Ein Gebet

Am Ende der Kraft bleibt nur noch
eine scheinbar leere Hülle.

Am Ende der Kraft wünscht man sich,
dass die Zeit des Lebens zu Ende
geht.

Am Ende der Kraft aber bleiben
Glaube, Hoffnung und Liebe.

Am Ende der Kraft fehlen die Tränen,
die Stärkung bringen.

Die Kraft ist geschwunden, was
geblieben ist, ist Fassade.

Ein Schauspiel, welches die letzten
Kräfte raubt.

Ein Lächeln, das ich in meinem Leben
gelernt habe, welches aber keines ist.

Eine Fröhlichkeit, die Menschen
ansteckt, die aber keine ist. Wie bei
dem Clown, der hinter seinem Lachen
oft weint.

Vater Du weißt, was geschehen ist
und dennoch lege ich es Dir zu Füßen,
damit Du mir wieder Kraft schenkst.

Die wichtigsten Ratgeber im meinem
Leben haben diese Erde leider viel zu
früh verlassen und ich habe es in
stiller, nach außen oft nicht sichtbarer,
Trauer ge- und ertragen.

Meinen Vater wurde mir jahrelang
weggenommen ohne dass ich es
bemerkt hatte. Und ich habe es in
stiller, für mich nicht spürbarer, Trauer
ge- und ertragen.

Meine Mutter, hat sich aus meinem
Leben gestohlen und ich habe es nicht
bemerkt, selbst in den Augenblicken,
als ich sie am Meisten gebraucht
hätte. Und ich habe es wieder in stiller
Trauer ge- und ertragen.

Sie versucht heute aus irgendwelchen
Gründen, mein neues Leben zu
zerstören und ich versuche in Stille
und Demut, aber auch im Vergeben es
zu ertragen.

Die Wunden sind tief, die Heilung
kostet Kraft und wenn ich der Meinung
bin „nun habe ich Ruhe", dann kommt
der nächste Stoß mit dem Dolch.

Direkt ins Herz.

Als ich krank wurde haben mich die
körperlichen Schmerzen an den Rand
meines Lebenswillen getragen.

Ich habe mein Leben verloren. Und ich
habe es still und oft für niemanden
sichtbar ge- und ertragen.

Und Du oh Herr warst mein einziger
Halt

Es kam ein neues Leben mit neuen
Aufgaben und schweren Kämpfen um
die gesteckten Ziele zu erreichen.

Oft bis an die Grenze des Menschen
möglichen.

Und Du oh Herr warst mein einziger
Halt.

Ich habe Menschen begleitet und
geführt in den für mich schwersten
Stunden meines Lebens, als ein
Mensch 15 Leben ausgelöscht hat.

Und Du oh Herr warst mein einziger
Halt.

Nun habe ich wieder ein neues Leben.
Ich habe eine Frau, die mir wichtiger
ist als Alles um mich herum und
wichtiger als mein Leben.
Wir durften eine der schönsten
Hochzeiten feiern, die die Welt je
gesehen hat.

Auch in der Ehe läuft nicht immer alles
wie gewollt. Ja ich weiß, das gehört
dazu doch am Ende der Kraft, fehlt der
Mut zum Streit.

Lieber Gott, stärke uns im Miteinander
und in der Liebe zu einander, dass wir
beide uns gegenseitig in unseren
Schwachheiten und Fehlern helfen
können und so noch mehr
zusammenwachsen.

Dir, lieber Vater, ist das doch ein
Kleines.

Lass uns wachsen, dass wir, im
Umgang miteinander, ein Vorbild sein
können.

Ach Vater im Himmel, stärke mir
meinen Geist und meinen Körper.

Lass mich durchhalten bis zuletzt.

Schenk mir die Geduld alles zu tragen,
was Du zugelassen hast.

Schenk mir die Kraft in der Stille ein
Vorbild zu sein.

Schenk mir die Kräfte im stillen
Tragen.

Schenk mir die Kraft zur körperlichen
Liebe, der ich im Moment nicht
gewachsen bin.

Schenk mir die Kräfte weiter mit
meinen wiederkommenden
Schmerzen ohne Medikamente
auszuhalten, damit unserem Wunsch,

einem gemeinsamen Kind Nichts mehr
im Wege steht.

Schenk mir die Kraft an mich zu
halten, wenn Streit, Missgunst und
Ärger droht.

Schenk mir die Kraft, wenn Du wieder
Krankheit, Not und Sorge sendest.

Schenk mir die Kraft, mich und mein
Leben in Deine Hände zu legen und
alles zu nehmen, wie Du es gibst.

Vater sei Du mit mir!

Amen!

Aus dem Leben ins Glück

Wieder war ich einmal auf reisen,
ganz allein und einsam. Innerlich
sehnte sich mein Herz nach Wärme
und Geborgenheit, doch wo war dies
heute noch in dieser schrecklich kalten
Welt zu finden. Als ich so durch die
Straßen dieser kleinen Stadt
schlenderte, überkam mich das
Gefühl, dass meine Wünsche sich
bald erfüllen würden. Es fühlte sich
ganz so an, als wäre ein neues Glück
ganz in meiner Nähe, doch ich konnte
es noch nicht sehen.

Irgendwann kam ich an einem
Schaufenster mit wunderschönen
Brautkleidern vorbei und es war mir,
als sähe ich das Bild eines Engels im
Spiegelbild, der mich ansah und mich
anlächelte. Ein Lidschlag und ich war
wieder allein. Doch das Strahlen des
Engels lies mich nicht mehr los und
ich spürte, dass sich in meinem
Herzen etwas regte, doch ich konnte
nicht einordnen, was es war.

Nur Tage später klingelte nach einem arbeitsreichen Tag das Telefon. Sollte ich ran gehen so müde und erschöpft ich war? "Sicher sind es nur wieder die Telefonisten von SKL oder so einem Kram", dachte ich bei mir. Doch dann zwang mich meine innere Stimme doch den Hörer in die Hand zu nehmen.

"Ich bin der Engel, den Du gesehen hast", drang eine liebliche Stimme an mein Ohr. Klick und aufgelegt. Völlig verwirrt stand ich neben meinem Telefon. Schon in den letzten Tagen ließ mich das Bild dieses wunderschönen Wesen im Schaufenster nicht los und jetzt das. "Was hat das alles zu bedeuten?", fragte ich mein Inneres doch es kam keine Antwort.

Einige aufregende und ereignisreiche Wochen später, ich kam gerade von der Arbeit, klingelte es an der Tür. "Wer mag das nur sein, der so spät hier klingelt?" dachte ich schon fast ärgerlich bei mir. Missmutig trat ich an die Tür und öffnete.

Da stand sie, der Traum meiner unruhigen Nächte seit der Erscheinung in der fernen Stadt. "Wenn Du willst, dann werde ich Dein Glück sein" sagte sie zu mir, in der gleichen lieblichen und verzaubernden Stimme bei dem aufregenden Anruf.

Da stand ich nun, wusste nicht wie mir geschieht und ehe ich es mir versah stand sie in meinem kleinen Wohnzimmer und erhellte es mit ihrer Ausstrahlung während ich noch immer an der Tür stand und versuchte zu verstehen, was in diesem Momenten geschah.

Blitz - Plötzlich saß ich neben ihr auf meiner Couch und hörte diese liebliche Stimme ohne zu verstehen, was sie mir erzählte. Als ich dann zu diesem Engel hinüber schaute sah ich, dass sich ihre Lippen nicht bewegten, sondern alles was ich hörte, entsprang aus ihren Augen. Tief aus ihrem Inneren erzählten sie mir, dass sie den Auftrag hätte mich glücklich zu machen, wenn ich es wollte.

Während der ganzen Zeit war mir
nicht bewusst, welche Bewegung in
mein Herz gekommen war. Sollte es
wirklich jetzt soweit sein, dass sich alle
meine Wünsche und Träume
erfüllten? Ich konnte es nicht glauben
und wurde in mir immer unsicherer.
Und dann hörte ich nach langer Zeit
wieder diese wohltuende warme
Stimme, die direkt aus meinem
Inneren kam.
"Manches Mal muss man nicht
versuchen etwas mit dem Geist zu
begreifen, sondern es einfach
geschehen lassen, wenn man auf der
Suche nach dem Glück ist. Hab keine
Angst und lass es zu!"

Wie Recht sie hatte, diese innere
Stimme. Da war das Glück zum
Greifen nahe und ich bekam es mit
der Angst, ob ich dem wirklich
gewachsen war.

Dieser zauberhafte Engel musste die
Stimme auch gehört haben, denn auf
einmal nahm er mich in den Arm und
alle Ängste und Sorgen waren
vergessen.

Ich schaute in ihre Augen und ich sah eine unendlich große Liebe, die mich im gleichen Augenblick verzauberte. Mit jeder Minute, die ich in ihre Augen sah und sie mich im Arm hielt wurde es immer wärmer und wärmer in mir. In meinem Bauch flatterten die Schmetterlinge, Vögel und was sonst noch so alles fliegen kann und wohlige Gefühle bringt, wie der Frühling in die Welt.

"Das muss wahre Liebe sein" dachte ich bei mir. Und das erste Mal seit vielen Jahren bin ich wirklich glücklich. Doch dann erhob sich der Engel und ging. Und wieder war ich allein.

Als ich mich später wieder an meinen Laptop setzte um aufzuschreiben, was ich erlebt hatte, lag da ein kleiner Zettel.

"Wenn Du Dich selbst befreien und für immer glücklich sein willst, dann kämpfe um mich und folge mir!"

Meine Gedanken vollführten einen heftigen Kampf um ja und nein.

Plötzlich erinnerte ich mich an die warme innere Stimme, die mir so Mut gemacht hatte. Schnell noch einige Dinge geregelt und einen Tag frei genommen und ich fuhr los, dieses wundersame aber zauberhafte Wesen zu suchen, das mich so verzaubert und verändert hat.

Diesmal stand ich vor ihrer Tür. Als sie öffnete, sah ich wieder in diese Augen, die so tief sind wie kein Meer und selbst der Atlantik nicht sein kann. Da war es wieder, dieses Gefühl von Geflatter und Unruhe in meinem Bauch und gleichzeitig tiefer Wärme und Wohlbehagen.

Sie nahm mich in den Arm und jetzt hörte ich ihre Augen sagen "Ich liebe Dich!" Seit diesem Moment weiß ich, dass Nichts mehr in meinem Leben so sein wird, wie es war. Ab heute wird alles anders, schöner, größer, vollkommener und reicher.

Heute bin ich ein reicher Mann, denn ich habe den Schatz, den ich mein halbes Leben gesucht habe ohne ihn selbst finden zu müssen. Dieser Reichtum heißt Liebe, Glück und große Freude auf die Zukunft. Ab heute gibt es keine Tage der inneren Trübsinnigkeit mehr, keinen Tag an dem ich mich einsam fühle, auch wenn ich allein bin. Heute ist der Tag an dem ich dem danke, der mir diesen Engel geschickt hat.

Seit heute liebe ich wirklich und weiß, dass alles was bisher war nur Spiel und Blendwerk war.

Heute bin ich mit diesem Engel verheiratet und liebe ihn, wie am ersten Tag. Am Tag unserer Hochzeit glaubte ich, genau in dem Moment, in dem wir in hellen nahezu fürstlichen Gewändern an den Altar schritten, dass ich im Himmel sei.

Ich weiß und habe erlebt, dass ich selbst nach langer Zeit aus meinem Leben eines Einsiedlers ein Leben im „Wir" erreicht habe. Und darauf bin ich stolz und genieße jeden Tag, an dem ich lieben darf.

Und das Ende dieser Geschichte ist
der Lehrspruch für mein neues Leben.

„Lieben heißt die Freiheit zu besitzen
sich selbst neu zu erkennen"

Die Verwirrungen des Lebens

Ich stehe in einem Bannwald und betrachte mir diese Unordnung von Ästen, Verzweigungen und Verflechtungen unter den Bäumen. Irgendwie denke ich bei mir, dass hier mal jemand ganz dringend Ordnung machen müsste, denn so kann man das ja nicht lassen, es muss ja schließlich alles seine Ordnung haben.

Doch dann meldet sich wieder einmal diese oft unheimliche Stimme in mir und stellt die Frage: „Warum muss alles eine Ordnung haben? Hat denn Dein Leben auch eine Ordnung?"

Was für eine Frage! Natürlich hat mein Leben eine Ordnung! Hat es doch, oder? Eigentlich schon, denn ich gehe ja einer geregelten Arbeit nach, in meiner Wohnung hat alles seinen Platz und sonst ist auch alles in Ordnung.

„Suchst Du nicht immer wieder nach einem Grund dafür, warum Du an dem

Ort bist, an dem Du meinst, dass alles seine Ordnung hat?" Und wieder traf die Stimme voll ins Schwarze.

Freilich frage ich mich, warum ich ausgerechnet da arbeite wo ich nun bin, obwohl ich dort weniger Verantwortung habe, als ich bei meinem vorherigen Arbeitgeber hatte und ich beschäftige mich auch mit weniger anspruchsvoller Arbeit.

Sollte unser Leben doch auch so verworren sein, wie dieser Bannwald?

Oft schon in meinem Leben habe ich mir die Frage gestellt, warum muss das und jenes eintreten und geschehen. Oft fehlt uns im Rückblick der Sinn unserer Entscheidungen und wir stehen vor einem völlig verworrenen Haufen, der sich Leben nennt.

Und an irgendeinem Tag verstehen wir plötzlich, warum wir uns genau so entschieden haben. Nennen Sie es Führung, Schicksal oder sonst wie, aber ich bin der festen Überzeugung, dass wir an jedem Ort, an dem wir uns längere Zeit aufhalten eine Aufgabe oder eine Lehrstunde erleben müssen. Und immer dann, wenn wir unsere Aufgabe gefunden oder unsere Lehrstunde begonnen haben und ein offenes Herze haben, dann erkennen wir das auch.

Ich bin mir sicher, dass wir im hohen Alter auch einmal vor so einem Bannwald stehen. Wir werden ihn betrachten und ihn wunderschön finden, denn alle Verzweigungen, Verästelungen und wilde Verwachsungen haben uns zu dem gemacht, was wir sind. Wir sind Menschen mit einem großen Erfahrungsschatz. Wir haben gelernt und gelehrt, wir haben gelacht und geweint und nicht zu letzt gefragt und erkannt.

Und jeder Vogel, der auf einem dieser Äste sitzt und sein Lied singt, steht für einen Menschen, dem wir im Leben begegnet sind, egal ob er Lehrer oder Schüler war.

Dieses Bild, das sich uns bietet, das sind wir.

(Bild: Jürgen Scheubach)

Und immer wieder geht die Sonne auf

(Bild: Jürgen Scheubach)

In des Lebens trüben Tagen,
oft der Himmel voll mit Wolken und
verhangen.

Regen aus dem Auge unser Gesichte
tränkt,
die Seele oft von anderen gekränkt.

Müde und kraftlos wir durchs Leben
treiben,
und die Herzen mühsam leiden.

Immer dann, wenn wir denken es
endet unseres Lebenslauf,

dann geht wieder in unserem Herzen
die Sonne auf.

Die reichen Momente des Lebens

Heute sagte mein Arbeitskollege nach einer gemeinsam durchlebten Krisensituation zu mir: „Danke, dass ich mit Dir immer wieder ein paar reiche Momente erlebe!"

Da war ich völlig platt und sprachlos, denn ich verstand nicht, was er mir damit sagen wollte. Erst jetzt, als ich vor meinem Laptop sitze und mir die anderen bereits geschriebenen Seiten durchlas, habe ich ihn, so glaube ich verstanden.

Es gibt viele Situationen in unserem Arbeitsalltag, an dem wir immer wieder über sehr tiefsinnige Gedanken nachsinnen und diskutieren. Oft schon hatte er mir gesagt, dass er von mir gelernt habe. Aber wer mich kennt, dass ich dies mit der typischen Handbewegung abwinkte und das Kompliment nicht wirklich annahm, zumal er fast 16 Jahre älter ist als ich.

Doch heute, war es eben dieser Satz
und der beschäftigt mich so sehr, dass
ich meine Gedanken dazu
aufschreiben möchte.

Die reichen Momente in unserem
Leben sind nicht zwingend die, in
denen wir kurzzeitig glücklich zu sein
scheinen und Kurzweil hegen.

Nein!

Die wirklich reichen Momente in
unserem Leben sind die, in denen wir
für unser Leben lernen. Es sind die
Momente, in denen wir erkennen um
was es wirklich geht im Leben. Es sind
die Momente, die im ersten
Augenblick gar nicht zu reich
aussehen. Es sind die kleinen
Erlebnisse, die zum Teil nur sehr
kurze Zeit dauern, aber viel zu lernen
aufgeben.

Einen solchen reichen Augenblick
möchte ich hier kurz erzählen, den ich
erst vor wenigen Tagen erlebt habe.
Aus irgendeinem Grund, wir konnten
ihn bis heute nicht wirklich fassen,

hatte ich das Gefühl, dass zwischen mir und meiner Frau eine Kluft entstehen würde.

Ich bekam es mächtig mit der Angst zu tun, denn das Schlimmste, das mir passieren könnte wäre es, meine Frau zu verlieren.

Doch irgendwie habe ich mich nicht getraut es klar auszusprechen, warum auch immer. Irgendwann habe ich es getan. Am Ende des Gespräches nahm mich meine Frau in den Arm und sagte zu mir „Wann wirst Du es begreifen, dass Du mich nicht verlieren wirst!"

Klar werden Sie jetzt sagen, wie kann sie so einen Satz mit aller Gewissheit von sich geben, dass kann doch keiner wissen.

Ja, sie haben ja so Recht, aber auch Unrecht.

Der reiche Moment für mich bestand darin zu lernen, dass die Angst um den Verlust des Liebsten einen wieder dazu bringt sich mehr darum zu kümmern und es mehr zu pflegen.

Natürlich wissen wir beide darum, dass wir uns vermeintlich verlieren können, sollte jemand sterben. Doch die Liebe hält über den Tod, denn die Seelen werden sich nie verlieren. Und wer um die Liebe kämpft, der wird sie zu Lebzeit nie verlieren und treu bleiben.

Lieben heißt dienen!

Zurzeit erlebe ich immer wieder, dass es modern geworden ist, auch in sozialen Bereichen mehr und mehr Managementmodelle zur Führung und Leitung der Einrichtungen einzuführen.

Ich habe bemerkt, dass dadurch immer mehr die Grundidee, das Ziel und der Gedanke hinter dieser Einrichtung verloren geht, da die Führungskräfte mehr und mehr darin versinken zu führen und zu leiten, anstatt den Grundgedanken zu leben.

Beruflich beschäftige ich mich derzeit auch mit diversen Führungsstilen und lese Bücher zum Thema Führen und Leiten. Darin ist folgendes in einem Buch besonders aufgefallen.

Darin wird beschrieben, dass in etlichen Studien sich herausgestellt hat, dass es nicht auf die Fachkompetenz der Führungskraft ankommt, sondern vielmehr auf dessen emotionale Intelligenz. Die Softskills stehen im Vordergrund. Es wird auch in diesen Studien beschrieben, dass wer sich zurück nimmt und auf seine Mitarbeiter zugeht und die Sache lebt, die beste Führungskraft ist. Sprich es ist nicht Ausschlag gebend was man gelernt hat, sondern wer man ist.

Durch meine frühere Arbeit in einer Hilfsorganisation habe ich folgendes gelernt. Immer dann, wenn der Leiter die Idee der Organisation aus vollem Herzen sichtbar lebte, konnten viele zur Mitarbeit motiviert werden. Im Gegensatz dazu, wenn die Führungskräfte halbherzig oder aus Selbstdarstellungszwecken dort standen, brach alles wieder zusammen.

Oft ist es inzwischen auch so, dass viele Führungskräfte durch Rhetorikkurse und sonstige Coaching Elemente so kalt geworden sind, dass für sie nur noch ihr Führungsstil als das einzig Wahre gilt. Sie sind so über sich hinausgewachsen, dass sie nicht mehr spüren, dass sie überheblich und arrogant geworden sind. Das zeigt sich unter anderem dann, wenn Aussagen anderer so interpretiert werden, dass sie ins eigene Denkschema passen, auch wenn sich der Ideengeber dagegen wehrt.

Ein weiteres Merkmal solcher Menschen ist, dass sie sich sehr schnell verletzt fühlen und beleidigt reagieren, wenn man ihnen deutlich die Meinung sagt, bzw. schreibt, denn persönliche Gespräche werden häufig durch rhetorische Kniffe so gelenkt, dass der Beschwerdeführer selig und zufrieden wieder nach Hause geht und erst später bemerkt, dass man ihn ausgetrickst hat. Oft wird es dann notwendig, wenn man sich Luft machen will, dem Betreffenden seine Meinung unpersönlich per Mail mitzuteilen.

Solche Führungskräfte werden auch nie verstehen, dass es einzelne „Untergebene" gibt, zu denen die anderen kommen und demjenigen ihre Sorgen aufladen, weil sie selbst nicht die Persönlichkeit haben dem großen,

mächtigen und starken Löwen
gegenüberzutreten.

Ich musste mir in eben einem solchen
Gespräch, in dem ich auch Aussagen
anderer Menschen Preis bot sagen
lassen, dass man auf Hörens-Sagen
nichts gebe. Bei dem Gespräch
handelte es sich eben um ein
Gespräch um Missstände innerhalb
einer ehrenamtlichen Einrichtung (ich
umschreibe dies hier bewusst, damit
man keine Rückschlüsse ziehen kann)
anzusprechen. In diesem Gespräch
musste ich mir dann auch anhören,
dass man beruflich noch viel härter sei
als in dieser Einrichtung.

Im Nachgang viel mir ein, was mir ein
Bekannter, der ebenfalls
Führungskraft in einer solchen
Einrichtung war einmal sagte.

„Nicht mit Härte führen, sondern in
Liebe dienen!"

Es wäre in vielen Bereichen so vieles
leichter, wenn es nicht die Menschen
gäbe, die aus Machtgier,

Selbstüberschätzung und überzogenem Ehrgeiz die Kerngedanken vergessen würden. Denn nur dann, wenn ich einen Gedanken lebe und fest an dessen Erreichung glaube, dann kann ich auch angemessen führen oder besser gesagt „dienen".

Wäre es nicht besser einmal zu unseren Mitarbeitern zu gehen und anstatt zu sagen „Bitte mach das bis zum...!", sie fragen „was brauchst Du von mir, damit Du für mich das bis dahin machen kannst?"

Als Christ fällt mir da die Begebenheit ein, in der Jesu seinen Jüngern die Füße wusch und sagte „der Größte unter Euch soll Euer Diener sein!"

Ich für mich habe in der oben gezeichneten Situation gelernt auf was es wirklich ankommt, Menschen führen zu können. Als Führungskraft brauchst Du ein großes Herz, welches bereit ist auch für andere zu schlagen.

Lieben heißt dienen!

Das gilt aber nicht nur in den Bereichen wo geführt wird, nein das gilt auch im kleinsten Unternehmen, das jeder von uns kennt. Dem Unternehmen Familie.

Je mehr wir hier in Liebe auf den Liebsten eingehen und ihm dienen umso größer ist die Geborgenheit, Freude und ausgestrahlte Liebe. Auch hier gilt es die Grundidee zu leben. Die Grundidee der Familie heißt „Liebe um jeden Preis!"

Lieben heißt dienen!

Auch in unserem Umfeld, wer in Liebe auf seine Umfeld zu geht und ihr dient wird in vielen Herzen unvergessen sein. Im Gegensatz dazu werden die egozentrischen Führungskräfte oder die selbstverliebten Menschen, welche uns oft das Leben schwer gemacht haben irgendwann vergessen sein.

Lieben heißt dienen!

Nachwort:

Sie werden sich sicher die Frage stellen, warum ich dieses Format gewählt habe.

Nun, das ist ganz einfach, etliche Menschen haben mir gesagt, dass es schade sei, dass mein letztes Büchlein schlecht zum mitnehmen sei. Daher hab ich es dieses Mal etwas kleiner gemacht damit man es völlig unkompliziert mitnehmen kann.

Ich hoffe, dass ich Sie auch dieses Mal wieder zum Nachdenken anregen konnte.

Als Ausblick kann ich Ihnen schon verraten, dass das nächste Buch bereits in Arbeit ist, es wird erstmals der Versuch werden, ein Buch mit einem einzigen Thema zu füllen.

Zum Schluss möchte ich mich bei Ihnen fürs „Zuhören" bedanken und wünsche Ihnen alles Gute auf Ihrer Suche nach Ihrer Türe.